人生が楽しくなる「因果の法則」

斎藤一人

PHP文庫

○本表紙図柄＝ロゼッタ・ストーン（大英博物館蔵）
○本表紙デザイン＋紋章＝上田晃郷

はじめに

信じられない方は、
べつに信じなくてもかまいませんよ（笑）。

ただ、この本には、
あと千年もしたら常識になることが、
いっぱい、
いくつものっています。

みなさんが、いつも大変な思いをするのは、
正しい答えを知らないか、
考えがおくれているかの、

どちらかです。

この本に、正しい答えが書いてあります。
そして、これからはじまる「魂の夜明け」に役立つことが、
山ほど書いてあります。

さぁ、ワクワクしながら、
次のページをめくってください。

斎藤一人

人生が楽しくなる「因果の法則」

目次

編集協力――日花

人生が楽しくなる「因果の法則」

〈編集部より〉

この本は、去る平成二十四年六月二十四日、グランドプリンスホテル新高輪・飛天の間にて開催された愛弟子《まなでし》パーティにおいて、ひとりさんがご講演されたお話を活字に起こしたものです。

多少、読みづらいところがありますが、ご了承ください。

ひとりさんの講演を聞いているつもりで、どうぞ楽しんでお読みください。

わたしの「因果の話」は、知ると、人生が楽しくなっちゃいます

司会：みなさまー、おまたせいたしましたー。
ここからは、ひとりさんのお話です。
みなさま、大きな拍手をお願いいたしまーす。

会場：（拍手）

はい。
では、はじめます。

会場：イエ～イ♪

全国から集まってくれた愛弟子さんたちが旗を掲げて、堂々と入場してる姿を見てたら、涙、出ちゃって。

目は赤くなるし、鼻水は出るしね、いろいろと、なってます（笑）。

ここんとこ、ひとりさん仲間の人たちと白光の浄霊※をやってるんですけど。

なんか、ウチのお弟子さんたちから追いつめられて（笑）。

段々、やるような話になっちゃって。

※ボランティアで白光の浄霊をやっておりましたが、あまりにも本業が忙しくなったため、現在はやっておりません。たいへん申し訳ありません。

今日は、「因果の話」をします。

わたしの「因果の話」は、ん？
（会場にいるお弟子さんたちに）何？
あ、そう、なんでもないの（笑）。

お弟子さん：ひとりさん、カッコいいなー、と思って。

ありがとうございます（笑）。
今から、「因果の話」をするんですけど。
わたしの「因果の話」はね、怖くないです（笑）。
知ると、人生が楽しくなります。

会場：（拍手）

このなかで宗教をやってる人がいると思うんだけど、全然、やっててください。

もう、全然かまいませんから。

そこの宗教と、わたしの言ってること、少し違います。

気にしないでください、あなたのやってることが正しいですから（笑）。

それと、今日、ここで聞いたことで、人と争いごと、起こしちゃダメだよ。

今まで、わたしがこの話をしなかったのは、この話を言うと同時に、世界中の宗教と、おそらく対立するか、怒られるか、なんだよね（笑）。

だから、ヨソで言うと怒られるよ（笑）。

ただ、宗教やってる人も、そうじゃない人も、みんな、これからひとりさんが話すこと、自分の頭のなかで、よーく、考えてもらいたいのね。

いいですか？

「ひとりさん、成功法則、教えてくださいよ」って、いいよ、教えてあげるよ。ただ、成功の前に基礎がいるんだよ

この前ね、歯医者さんに行ったらね、そこの先生がね。

あ、声、聞こえる?

もうちょっと大きいほうがいい?

歯医者さんへ行ったらさ、そこの先生が、

「斎藤さん、成功法則、教えてくださいよ」

って言うの。

こっちは、口、開いてるからしゃべれない、ガァーッてやられてんだから(笑)。

「口、開いてるから、オレしゃべれないよ」

って話して。

それで、いったん、治療が終わってからね、

「先生、次の患者さん、くるの、いつだい?」

って聞いたら、

「いや、まだ十五分ぐらいありますから」

と、先生が言うから、

「じゃ、十五分間だけ、話してあげるから」

ってことになったんだけど。

ただ、オレが話した内容は、ひとりさんの成功の話じゃないの。

成功より、基礎があるんだよね。

この基礎が、ほとんどの人はわからない（笑）。
「わからない」というより、なんて言うの？
どんなに説明しても、ほとんどの人は、この話は信じられないの。
ただ、この会場にいる人は、八割、例外的に信じられる。

【ガチャン！】食器を落とした音

今の、ガチャンっていう音は声援？
ありがとう、恵美ちゃん、※個人的に声援、送ってくれたの？
ありがとうございます（笑）。
やっぱり、恵美ちゃんは一番弟子だからね、常に声援を忘れないね
（笑）。

※まるかん社長の一人、柴村恵美子さん。

会場：（拍手）

それで、基本的な話ってなんですか？——と言ったとき。
これが、いちばん、突破口なんだよね。
いちばん最初に、みんなに信じてもらわないといけない話なんだけど。
信じられない人は、「こんな話もあるんだな」程度でかまわないから聞いててね。

人間のなかに、魂、霊魂というのがある。
これが、死なないんだよ。
「死なない」と言うより、死ねないの。

わかるかな？

人間ってね、何回でも生まれてくるの。

ホントですか？――って、ホントなの。

だから、ずぅーっと、前世があったの。

で、その先もずぅーっと、来世がある。

どれぐらいあるか、って言うと、永遠にあるんだよ。

だからオレたちが生きてる時間って、実はものすごく長い。

そういう話をして、「先生、わかるかい？」って聞いたら、先生がこう言った。

「じゃ、人間って、なんで、こんなに何回も生まれ変わるの？　何回も何回も、生まれ変わる必要、ないじゃない」って。

この物質界というのは、形あるものは古くなるんだよ。

で、そのとき、先生が手袋を、ゴムの手袋をしながらやってたからさ、「ところで、その手袋、しばらく使ってると、古くなるよね」って。

そうすると、新しいのに替えるじゃない？

人間のからだも、しばらくすると、古くなるんだよ。

すると、神さまが新しいのをくれるんだよ。

わかるかな？


で、何のために、何回も何回も生まれてくるんですか？——と言うと、やり残したことがあるの。


やり残したことって、なんですか？——って言うと、魂の成長なの。

だから、この世に生きてるっていうことは、オレたち、成長しきってないんだよ、ってことなの。

問題は、魂は、どういうふうに成長するか。

実は「因果」というものを介して、魂は成長するようになっているんだよ。

だから、「因果」っていうと、なんか、オドロオドロしく感じるけど、オドロオドロしいものじゃないの。

オドロオドロしいこと言わないと、商売にならないヤツがいたの（笑）。

ホントだよ。

だって人間、おどろかさないと、金、出さないんだもん（笑）。

「親の因果が子に報いる」ことが、もし本当にあったら、おかしいんだよ、そんなことは

で、いちばん恐ろしい「因果の話」からはじめるんだけど（笑）。
ホントは、みんなが思っているような、恐ろしいものじゃや、ないんだよ。

本来、因果というのは、たとえばオレンジジュース。
オレンジをしぼると、オレンジジュースができるじゃん。
ブドウしぼると、グレープフルーツジュースだよな。

あれ、違ったっけ？

グレープジュースか。

グレープフルーツジュースは違うよな（笑）。

いや、オレも今、「違うな」と思ったんだよ（笑）。

言いながら、「なんか、違うゾ」って思ってたら、やっぱり、違ってた（笑）。

そうだよ、グレープなんだよ。

「グレープフルーツ」って言っちゃうからいけないんだよな（笑）。

で、因果というのは、要するに、しぼったもの（原因）で、ジュース（結果）が違うよ、ってことを言ってるだけなんだよ。

前世で〝いいこと〟してると、今世、〝いいこと〟が起きる。

ホントですか？――って、ホントだよ。

逆に、前世で悪いことをしていると、今世、悪いことが起きるの。

ここまでは、どこの宗教にこのことを言っても、ゆるされるんだよ。
ある程度はな。
問題は、ここから先なんだよ。
ゆるしてもらえない(笑)。

あのね、「親の因果が子に報い」とかっていうの、聞いたことある?
あるよね。
「子に報い」じゃなくて、親の因果は親に出る。

もう一回言おうか。
親の因果は親自身に出るの、親の因果は子どもに出ない。
子どもに出たヤツは、その子ども自身がやったことなの、前世に。

わかるかい？

前世にやったことが、その子ども自身へ出るの。

自分でやったことなの。


ほとんどの宗教っていうのはさ、とくに日本の場合は「先祖供養《くよう》」ということになっているんだよ。

先祖で成仏《じょうぶつ》していない人がいるから、あなたのからだの具合が悪くなってるんですよ、とか。


それから、こんな話もよく言うよね。

「先祖の人が〝いいこと〟をしたから、あなたに〝いいこと〟が起きるんだよ」って、聞いたことあるでしょ？

違うんだよ、あなたが前世に〝いいこと〟をしたから、今世、あなたに〝いいこと〟が起きるんだよ。

簡単に言うと、自分がまいた種は、あとで必ず自分が刈りとらなきゃなんない。

それを、「先祖が悪いことをしたか、先祖が浮かばれてないから、あなたに悪いことが起きるんだよ」と言う。

そうやって考えると、あなたは楽なのかもわかんない。

だって、あんたのせいじゃないんだもんな。

先祖のせいにしているんだよな。

わかるかな？

ところでさ。

あなたが太ったのは、あなたが飯食いすぎたからだよな。

会場：（大爆笑）

だって、そうでしょ（笑）。

会場：（拍手）

まさか、オレが食べたもので、あなたが太ったんじゃないよね（笑）。逆にもし、あなたがダイエットして、ヤセたんだとしたら、あなたの代わりに誰かがダイエットしたからではないよね。あなたが、顔晴《がんば》ったんだよね。

それでさ、話を元にもどすとね。

先祖供養のつもりで、何時間もずぅーっと、おがんでる人がいるじゃない？

自分が前に悪い因果を積んじゃったから、今、悪いことが起きてるのに、あたかもご先祖さまのせい、みたいにして、毎日、おがんでるんだよね。

何時間もの間、ずぅーっとお経あげてるけど、その間、人のせいにしてんだよね。

会場：（爆笑）

いや、それ以前に問題なのは、仏壇にいるの、仏さまだからね。

仏さまって、仏なんだよ。

「仏さまにお経をあげてます」

って、お経っていうのは仏の教えなんだよ。

仏の教えを仏に説いてる、ずぅーっとね（笑）。

ヘンな話、誰かが、ひとりさんの教えを、毎日何時間も、ずぅーっと、オレに言ってるヤツいたら（笑）。

会場：（爆笑）

な、おかしいだろ（笑）。

で、この前ね、ある方から、

「仏壇にお経あげていても、いいですか？」

って聞かれたの。

「あ、いいよ、お経、あげてな」

ってオレ、言ったんだけど、ただ……。


自分がおかしいことしてるかな？――って、たまに考えたほうがいいよ。

絶対、悪をゆるさない人がいるんだよ

人間ってさ。

神さまは、あなたのやったことを絶対、見逃さないんだよ。

だから、何代か前に、あなたがロクでもないことをしたのを見逃さないから、今世、あなたに嫌なこと、悪いことが起きるんで。

だけど、今世、あなたが〝いいこと〟をしていると、来世は絶対あなたに〝いいこと〟が起きる。

じゃ、どんな〝いいこと〟をするんですか?――って、今日はいつもよりワンランクあげて話をするからね。

会場：（拍手）

たとえば、よく、ひとりさんは、こうやって言うんだよ。

「思ってなくてもいいから、プラスの言葉——愛してます、ついてる、うれしい、楽しい、感謝してます、しあわせ、ありがとう、ゆるします——天国言葉を、言いな」って。

それって、できない人に言ってるんで。
本当は、心のなかでも思って言ったほうがいいんだよ。
いや、ホントだよ（笑）。
口から発することも、心に思うことも両方いっぺんだと、なかなかできないから、

「『感謝してます』って、口だけでもいいから、言ってごらん」と言ってるの。

入りやすいほうから、やってごらん、って言ってるんだよね。

「心から入る」って、難しいんだよ。

だけど、本当は心も、思ったほうがいいんだよ。

ただ、人間って、おもしろいなぁ、と思うのは……。

「感謝してます」って、思ってなくてもいいから、言ってごらん――って、「感謝してます」という言葉を発してるとき、脳はなぜか感謝しちゃう。

だから、事実上、プラスの言葉を言うことは〝いいこと〟なんだよ。

っていう、話なんだよね。

神は悪をゆるさないけど、罰を与えないんだよ

釈迦がね、二千五百年前からずぅーっとね、「因果の法則」を説いてるんだよね。

じゃ、「因果の法則」って何ですか?――って言ったとき、あなたが前にやったこと、あなたがまいた種をあなたが刈りとるんだよ。

だから今世、自分が〝いいこと〟をしてれば、自分に〝いいこと〟が起きる。

悪いことをすると、生まれ変わったとき、自分に悪いことが起きる。

そうすると、ま、残酷なたとえ話だけどさ。

自分が何代か前に誰かの手を切り落としちゃったとすると、今世、自分の手が自由に使えなくなっちゃったり、なくなっちゃったりすることがある。

わかるかな?

そういうふうに言うと、神が罰を与えてるように思うんだけど。

神というのは、罰を与えないんだよ。

あの、これも全然、信じなくていいよ。

ウチは「信じてください」からはじまらないんだから(笑)。

「信じなくていいよ」からはじまるから(笑)。

信じるか、信じないかって、こっちからお願いするようなもんじゃないんだよ。

だって、信じられる人は聞けばすぐ、わかっちゃうんだもん。

だけど、わかんない人は、わかる必要なんかないんだよ。

だから、そういう人は「ひとりさんって、こういうことを言ってるんだ」程度に聞いててください。


それで、〝神さま〟って、オレは「いる」と思ってる人間なんだよ。

みんなのなかにも、「いる」と思ってる人がいるよね。

ただ、みんなが思ってる「神さま」と、ひとりさんが言う〝神さま〟って、全然、違うの。


ひとりさんの知ってる〝神さま〟は人間の形をしていない。

それで、〝神さま〟は、天の中心にいて、中心にひとりしかいないの。

これをね、「天之御中主《あめのみなかぬし》」と言う。

これって、日本的な言い方なの。

外国に行くと、「ヤハウェ」と言う人もいるの。

それから「アラー」と呼ぶ人もいるの。

仏教的に言うと、「大日如来《だいにちにょらい》」「盧遮那仏《るしゃなぶつ》」と言う人もいるの。「盧遮那《るしゃな》」と呼ぶところもあるの。

呼び方は違うけど、どこも、天の中心に、一個の〝絶対なる神〟がいる、と言っているの。

その〝絶対なる神〟の、お使いをした人たちがいるの。お役に立ってる人が何人もいたの。

そういう人たちのことを、みんなは「神」と呼んでいるんだよ。

わかるかな?

たとえば、たまにフランス料理、食べに行ったり、日本料理でも食べに行くとさ、お料理がおいしいと、うれしいじゃん。

思わず、仲居さんにチップあげるじゃん。

「ありがとうね」って。

でも、仲居さんが作ったんじゃないよね、これ(笑)。

わかるよな(笑)。

いや、感謝しちゃいけないんじゃないよ。

お料理は、コックさんが作ったんだよな。

わかるかい?

テーブルの上にのっかってる料理、あなたのところへ運んできた人が作ったんじゃないよな、って。

だから、天の中心にいる絶対神と、その神のお役に立ってる人は違うんだよ。

神のお手伝いをするお使いは人間なんだよ、仲居さんと料理人の関係みたいなもん、わかりやすく言うとね。

それで、天の中心にいる絶対神は、「愛と光」なんだよ。「愛と光」でできてる。

この神から、人間は「分霊《わけみたま》」というのをもらってて、それが命なんだけど。

オレたちも「愛と光」でできてる神の子なんだよ、本当は。未熟ながらも神なんだよ、って。

にわかに言われても信じられないだろうけれども、あなたも神の子なんだよ。

だけど、オレたちは、まだ未熟だから、魂を成長させながら、〝絶対なる神〟に近づこうとしてるんだよ。

その魂の成長のために「因果の法則」があるんだよ。

だけどね。
ハッキリ言って、オレたちは今でも未熟なの。
今でも未熟なオレたちが、千年ぐらい前はどのぐらい未熟か（笑）。
それを考えると、因果の量って、エラいことになるんだよな（笑）。

人をあざ笑うと、あざ笑っちゃいけないとわかるようなことが自分に起きるから、止めな

今日からオレ、みんなに「因果の話」をしようと思ってたから。
さっきね、お弟子さんのはなゑちゃんの会社で部長をしてる大信田洋子

ちゃんに、

「大信田ちゃん、なんでヤセられないか、知ってるかい」

って言ったら、彼女がこう言った。

「食べすぎちゃうからですかね」って。

もちろん、それもあるんだよ。

だけど、同じダイエット食品を摂っても、どんどんヤセてキレイになっちゃう人と、ヤセない人がいるよね。

この違いは、なんでだろう？――って言うとね、一人ひとり、原因が違うの。

大信田ちゃんには大信田ちゃんの因果があるんだよ。

で、大信田ちゃんに、

「自分の因果、知りたいかい？」

って聞いたら、

「知りたい」

って言うから、教えたのね。


大信田ちゃんって、キレイな顔してるんだよな。

顔が、ちっちゃいんだよ。

からだはデカいんだよ（笑）。

だから、アンバランスなんだよな。


それで、「大信田ちゃんさ」って。

彼女は前世にね、自分がキレイだったとき、自分がヤセてたときに、太ってる人を見て、あざ笑っちゃったんだよ。

わかるかい？


人をあざ笑うって、すっごくいけないことなんだよ。

そういうことをすると、相手の心はどんなに傷つくか。

だけど、ほとんどの人は、そのことを知らなくて、ついうっかり、やっちゃうんだよ。

そうすると、自分があざ笑われたら、どんな思いをするか、その思いを経験して魂が成長するために、次は自分が太った人になっちゃうの。

わかるかい？

簡単に言うとね、「美」とは才能なんだよ。

「美」という才能をもらったからって、威張《いば》って、人を傷つけちゃいけないの。

だから、そのことがわかればいいんだよ。

そうしたら、魂は成長する。

因果も消えるんだよ。

今は「天才」と言われてるけど、そういう人たちは何代も前からずぅーっと努力してるんだよ

「才能」って言うと、たいがいの人は、今世限りのものだと思ってるけど、そうじゃないんだよね。

たとえば、アメリカで野球やってる、イチロー選手っているだろ。イチローって、「天才」って言われてるよな。

それから、バイオリンを弾く人たちのなかにも、天才って、いるだろ。そういう「天才」と呼ばれるような人たちって、何回も生まれ変わりながら、一〇代も、二〇代も前から、ずぅーっと同じことをやってるんだ

よ。

わかるかな？

たとえば、天才的なバイオリニストが、三歳からバイオリンをはじめた、と。

そういう人って、はじめたときからすでに天才なんだよ。

要するに、生まれたときから天才なんだよ。

それを、「ウチの子も三歳からやらせれば天才になれるんじゃないか」って。

夢を持つのはいいけど、今世は天才にはなれない。

あなたの子どもは、今やっとはじめたばっかりなんだから、三歳からはじめてもダメだよ。

だから、天才っていうのはね、はるか昔からやってるんだよ。

最初は、葦の笛とかね、ああいうの、ピーピー、ピーピー、吹いてて。それが段々、段々、音楽の才能を磨いていくんだよね。

「美」もね、あれは才能だからね。

今は発展途上的な美しさであったとしても、今から、せっせ、せっせと磨けばいいんだよね。

今世、足なんか太くて短くても、一生懸命マッサージしたりなんかしてると、来世はね、カッコのいい足になってきちゃうんだよ。

会場：（拍手）

だから、今こうやって「美」に関心もって、こうやってキレイになることをやってると、来世はもっとキレイになっちゃう。

会場：（拍手）

「美」にしろ何にしろ、「才能」というのは努力次第で伸びるの。無駄な努力は一個もない。

ただ、もし自分がね、何かやってて、

「才能があんまりないな」

と思ったら、「止める」というのも一つの手なんだよ。

自分が止めたきゃ止めたって、別にいいんだよ、でも……。

来世も再来世《さらいせ》も、あと何代かやればウマくなる——と思っていれば間違いない。

だから、天才を見て、うらやましがって、

「なんで、あいつは運がよくて、オレは運が悪いんだ」

って言うけど。

それは今世だけを見てるからそう思うんであって。

天才は前からずっと、何代もやってるの。

長い目で見ると、みんな、等しく努力してるんだよ。


神は正当なる努力を求めるの。

ただ、一代限りの努力では完成されないの。

才能も磨かなきゃ開花しないけど、オレたち、因果も消さなきゃなんないから。けっこう忙しいの（笑）。

あの嫌な親じゃなきゃ、あの兄弟じゃなきゃ、あのパートナーじゃなきゃ、成長しない魂があるんだよ

じゃあ、因果って、どうやって消すんですか?――って言うと、いろんなイヤなことが起きるの。

たとえば、オレたちって、魂を成長させるために生まれてきたから、自分の魂がいちばん成長する親を選んでくるんだよ。

そうすると、「あのイヤな親がいなきゃいいのに」とかって思っててても、あなたの魂の成長には、あのイヤな親じゃなきゃダメなんだよ。

あのイヤな兄弟が必要な人もいる。

「あのイヤな親戚が要《い》るんだ」っていう人もいるの。

それからさらに、あのダンナ、あの奥さんじゃないと成長しないんだよ、っていうこともあるの。

だから、元々が、魂の成長のために結婚するんだよ。

わかるかな？

自分の魂にちょうどいい、修行になるような人と結婚するし、そういう家族やなんかがいるところへ生まれるようになってる。

だから人生って、ひとつっつも、無駄なことがないんだよ。

会社もね、いちばん自分の魂が成長する会社に呼ばれるの。

自分が選んでるように思うけど、仕事に呼ばれてる。

そこに、修行になる部長とか、課長が待ってるワケ（笑）。

わかるかな。

それでね、「なんで、あの部長は、あんなにオレばっかり怒鳴るんだ」って思うことがあるかもわかんないけど、自分も前世でやったの。前に自分がやってないことは、今世、起きないんだよ。

やられてもしょうがないんだ――っていう話をしてるんじゃないよ、オレ。

やられっぱなしではダメなんだよ。

出てきてる問題に対処していかなきゃなんないんだ、って。

わかるかい。

問題を解決するとき、絶対、忘れないでいてほしいのは、あなたに起きてる問題は、あなたの魂の成長のために起きてるんだ、ってことなんだよ。

あなたは絶対、乗り越えられる。
なぜなら、今世、
自分が乗り越えられる因果しか、
あなたは持ってきてないんだよ

たとえば、他人《ひと》の足を踏んでるときは、そんなに痛くないんだよ。

全然、痛くない、うん。

地面に足を乗っけるより、他人の足の上に乗っけといたほうが、やわらかくて、気持ちいいかもしれないよな（笑）。

でも、やられてる人は、たまんないんだよ。

そんなことが、今度、生まれ変わったとき、自分が足を踏まれることで、はじめてわかるんだよね。

そうすると、自分が足を誰かに踏まれたときに、たいがい、

「なんで、オレは踏んでないのに、あいつばっかり、オレの足、踏むんだ」

って言うんだけど、今世は踏んでないんだよ。

わかるかい？

でも、前世にやっているんだよ。

前世って、一個前とは限らないよ。

何代も前の前世でやってることもあるんだよ。

こんなに間隔があいてるのはなぜですか?――って、神さまのお計《はか》らいなの。

魂がその修行に耐えられるようにしてくれてる。

だから、ある方が、ものすごく、からだの具合が悪くなっちゃったとか、ものすごく悪い状態が出てくるんだ、と。

その場合、自分が千年ぐらい前に、動けなくなるほど相手にヒドいことしちゃったことが原因であることもあるんだよ。

だけど、その因果は、次の生に出ない。

次の次の次とか、千年ぐらいたってからじゃないと出ないんだよ。

なんで出ないんですか?――って、理由は一個。

自分が耐えられないから。

魂が成長して、耐えられるようになると出るんだよ。

だから、人生って、全部、事細かいところまでガチガチに決まってるんじゃないの。

大ざっぱに、ダンナになるような人とか、大きい事件がボコボコ起きるように決めて、出てくるんだよ。

わかるかな？

たとえば、五つぐらい、因果を持ってくるんだよ。

そのときに、神さまと相談しながら、自分に越えられそうな問題しか持ってこないんだよ。

だから、「おまえ、過去にこんなヒドいことしたんだ」

「うわぁ、ちょっと、カンベンしてください。これは、今の自分のレベルだと、ちょっと無理だから、もうちょっと、ちっちゃいヤツから」

って、自分で選んで持ってくる。

だから、あなたの魂は、今、直面している問題を必ず乗り越えられるの。

なぜかというと、乗り越えられるものしか、あなたは今世、持ってきてないんだよ。

「オレは勉強嫌いだから、ヤだ」と言っても、そんなこと、知ったこっちゃなくて（笑）

何か問題が起きたとき、「もう耐えられない」って、死んじゃう人、いるだろ？

ホントは、もうちょっと知らんぷりしてると、解決しちゃうんだよね。

だから、ホントは、死ぬほどの問題ではないの。

わかるかな。


わかんなくてもいいよ。

わかんなくても、そうなんだから、しょうがない（笑）。

オレがね、いつも、みんなに「安心しな、安心しな」って言うのは、オレたちは死ぬと、あの世に生まれるの。

あの世で何をするかというと、勉強するの。

わかる？

成長するために、あの世でも魂的な勉強をするの。

ただ、この世で体験するのがいちばん成長するんだよ。

それで、またこの世にもどってきて勉強するのね。
「オレは勉強嫌いだから、ヤだ」
とか言ったって、そんなことは知ったこっちゃない（笑）。
ていうか、魂ってのはね、どうやったって成長するようになってるの。
それで、これをね、繰り返すんだよ。
わかるかな？

あの世で、魂が勉強するでしょ。
そうしたら、「今度は大丈夫です。まかせてください」って。
この前、自殺した人も、
「今度こそ大丈夫、まかせてください」
とか言って出てくるんだけど。
最初のウチは失敗することがあるの。
それでも、何回か生まれ変わってるうちに、最終的に、魂はちゃんと乗り越えて成長していくんだよ、って。

魂の夜明け、真実が白日の下《もと》にさらされるときがきた

もう、そろそろ魂の時代だ、って。
魂の時代っていうのは、二十一世紀からの千年。
それが、今はじまったばかりだから、「魂の夜明け」と言うんだけど。
「魂の夜明け」って、何ですか?――っていうと。
自分のなかに神がいる、それをくれているのは天の神さまなんだよね。
いちばん大きいから、「大霊《たいれい》」と言うんだよ。

オレたちはそこから、分霊《わけみたま》をもらってるんだけど。

別に信じなくていいんだよ、この話はね。

変わった話だな、と思ってればいいからね。

針の先ほどの、分霊というのが、あなたのここに、心臓のところにね、入ってるんだよ。

これが死なないの。

昔の日本人は、それを信じて生きてたんだけど、段々、段々、「そんなの、ウソっぱち」と思ってる人が増えてきたんだよね。

文明が発達して、科学も進んできたけど、「科学的じゃないから」とか言って、信じる人間が減ってきちゃった。

ところが最近になって、退行《たいこう》催眠というのをやったり、いろんな機会に、はるか遠い過去を覚えてる子どもが生まれてきちゃったんだよ。

そういう人たちを調査すると、

「僕、三歳のときに死にました。ナントカ村の、ナントカちゃんです」

とかって言うんだよね。

そこへ追っかけ調査すると、そのナントカちゃんが本当にいた、ってことが判明するんだよ（笑）。

「ここのおじさんは、ナントカという人です」

って、おじさんの名前まで言ったりするんだよね。

それが、世界中に出てきちゃって。

退行催眠をすると、勝手に前世の記憶をしゃべりだしちゃうの。

とくに、アメリカやなんかで、そういう報告がたくさん出てるんだけど。

アメリカというところは、キリスト教の国だから、本来は、輪廻転生《りんねてんしょう》、生まれ変わりを認めないんだよ。

ところが、最近は、アメリカでもそういう映画やなんか、作りだしてきちゃったんだよね。

生まれ変わりの映画とかを作るのに、昔のことを知ってる人たちが協力してて、アメリカも段々、段々、変わってきてる。

キリスト教やってる人はゴメンね、自分の信じたことをやってていいんだよ。

キリストさんの教えもね、ホントに、いい教えだと思ってるの。

オレも幼稚園のとき、キリスト教の幼稚園でお世話になったからね（笑）。

キリスト教徒の人も、一生懸命人を救おうと思ってやってると思うんだけど。

ただ、時代、時代で、全体的な魂の段階が違っちゃうからね。

魂って、段階があるんだよ。

二十一世紀になってくると魂レベルも上がってるから、ホントの話のほうが受け入れやすいんだよ。

キリストは、あなたたちの罪を背負って死んだ——って言うんだよね。

オレたちの罪を背負うつもりで十字架にかかった、それってホントにありがたいことなの。

だからオレも、「いやぁ、ワルいなー」とかって思うんだよ。

ただ、これは言っておかなきゃなんない。

他人《ひと》の罪は背負えないの。

ホントに、純※ちゃんがやった罪は、純ちゃんに背負ってもらうしかないんですよ（笑）。

「それ、誰かがやってくれないかな」

って、そんなことを言うんだったら、忠※夫ちゃんの代わりに誰か断食《だんじき》やったら、忠夫ちゃん、ヤセるんですか？って（笑）。

※純ちゃん：まるかん社長の千葉純一さん。

※忠夫ちゃん：まるかん社長の遠藤忠夫さん。

だけど、他人をだまそうとして、そういうことを言ってたんじゃないんだよ。

みんなを救いたいと思って、一生懸命教えを伝えていた人のほうが多いんだよ。

魂って、時代、時代で、段階があって、それにそった形でものを教えていくんだよ。

日本でもそうなの。

二十世紀までは、要は先祖のせいにするとか、「誰かが自分を救ってくれる」とか思ってたんだよね。

そう思わなきゃ、魂が耐えられないような、そんな段階だったから、そうしてたんだけど。

でも、ホントは、自分を救えるのは自分しかいないんだよ。


自分に起きた問題を解決するときは、こうやって考えればいいんだよ

ひとりさんは、事業家が本業なんだけど、ほぼ毎日ぐらい、本の校正をしているのね。

お弟子さんたちがそれぞれ本を出すのに、「ひとりさん、ちょっと見てください」って言われるの。

で、オレが校正する。原稿を読んで、チェックするんだけどさ。

なにをチェックするか、っていうと、

「この本のテーマは何？」

って、お弟子さんに聞くんだよ。

それで、そのテーマからズレてないかどうかを、オレが見て、

「ここはもうちょっと、こういう言い方をしたほうがいいんじゃないかい」

って言うと、お弟子さんが修正するんだけど。

だから、みんなも、自分の人生を一冊の本だと思って、見てみるといいかもしれないよな。

これから、いろんなことが起きてくるんだよね。だけど、問題が起きたときに、その問題から何を学ぶべきか、自分の人生のテーマはなんだろうと考える。

それぞれ魂の成長段階って違ってて、起きる問題も違えば、解決方法も違うんだよね。

だけど、自分が神の分霊《わけみたま》として、「愛と光」として、解決方法を考えるとすごくいいんだよ。

「愛と光」の、光って、明るさのことだよ。

要するに、上気元（ひとりさんは上機嫌を「上気元」と書きます）で、愛のある解決のしかたってなんだろう――って考えればいいの。

だから、たとえば、自分の気に入らないことばかりする人が出てきたとき、こうやって思う。

「この人は気に入らないことばっかりするけど、前世でオレもやってたんだな」って。

そういう解決のしかたがあるんだよ。

だけど、みんなで夜、待ち伏せてて、その人のこと、殴っちゃおう、っていう方法もあるんだよな（笑）。

いやいや、そりゃ解決のしかたは、いろいろあるんだけど（笑）。

だけど、神さまがマルをくれる解決のしかた、というのは、その解決のしかたに「愛と光」がありますか？　ってことなんだよ。

だから、相手を待ち伏せて殴っちゃうよりも、

「愛があって明るい解決のしかたをしよう。それってどんなことだろう」

って考えればいいの、ってことなんだよ。

考えて、答えが見つからなくてもいいの。

「愛と光で解決するとしたら」

って考えだしたときから、因果って消えちゃうようになってる。

魂はダイヤモンドと同じで、何面もあるのに、一面だけ磨いてちゃいられないときがくるんだよ

自分の人生で起きること、起きることを、毎回「愛と光」で解決する方法って、何だろう――。

でも、とても愛じゃ解決できない、光じゃ解決できない、と思ってしまうような問題もあるよね。

だけど、急にそんな問題が起きるワケがないんだよ。

だから、前世で自分も人にやってるの。

あなたが納得できなくてもそうなの。

でも、やられた人の気持ちがわかっちゃえば、もう因果って必要ない。

だから、わかっちゃえばいい。

「前世でオレもやってたんだ、悪いことしちゃったな。自分が前世でまいた種を今、刈りとって、収穫してるんだ」

って反省すれば、因果は消えちゃうんだよ。


ただし、才能の因果になってくると、話は別だよ。

才能って、おもしろいんだけど。

たとえば野球の選手やってるとさ、来世もやりたいんだよ、再来世《さらいせ》もやりたいんだよ。

わかるかな?

自分の得意なことを、ずぅーっとやっていたいの。

だけど、オレたちってのは、魂はダイヤモンドと同じで、何面もあるんだよ。

それなのに、一面ばっかり、磨かれても、困っちゃうんだよ。

それで因果が起きる。

前世で別に悪いことはしてないんだけど、ある日、問題が起きるの。

たとえば、子どもの頃から、名ピッチャーとかって言われてた人が、高校時代、ちょっと肩、傷《いた》めるんだよな。

野球ができなくなる。

ふつうだったら、肩は治るんだよ。

ところがなぜか、神の配慮で、治らない。

そうすると野球を続けられなくなって、社会に出たときに営業かなんかに回ったりする。

なれないうちは、営業のことで部長に怒鳴られたり、怒られたりしてんだよね。

なぜかっていうと、野球はウマいけど、人間関係がヘタだったりするんだよ。

そうすると、あんまり、そのスポーツばっかりやって、人間関係を磨かないでいると、「はい、こっち」ってなる。

わかる？

だから、ピアニストとかでも、もうピアノも到達しちゃってるのに、まだ来世もやろうとすると、なぜか手が、こう利《き》かなくなっちゃったり、とか。

ピアノができなくなっちゃうんだよ。

だって、ダイヤモンドだって、あんまり一面ばっかり、けずったら、なくなっちゃうんだよ（笑）。

ねぇ、だから、ちゃんとね、一個一個、磨く場所があるんだから、一個、こう、磨いていかないとダメなんだよ。

わかるかな？

で、そういう目で見て、そういう解決のしかたをしていくと、ものすごく楽に解決できるの。

それで、「これはオレが前世でやったんだから、愛と上気元の解決のしかたは何だろう」って。

そう思っただけでマルなの。

未熟なりにでもそういうことをすると、いくらかマシになるんだよ。

いくらかマシな考えになってくるからね。
それが少しずつ、少しずつ、少しずつ、運勢を好転させていくんだよ。

因果の話を聞いて、悟ったつもりが、実はマイナスが零点になっただけなんだよね

今日ね、忠夫ちゃんに話したことがあるんだけどさ。
「忠夫ちゃん、交通ルールってあるだろ」って。
スピード出すと、つかまって罰金とられるよね。
わかる?
だから、たいがいの人は、スピード違反って、やらないじゃん、ね。

あのね、「因果の法則」は、行動で起きるんじゃないんだよ。

だから、たとえばさ。
首切り役人って、昔、首を切る人がいたんだよ、エイって。
これ、仕事なんだよな。
わかるかい?

すると、仕事で相手の首を、こう、切るとするじゃん。
今だって、絞首刑って、あれ、誰かがボタン押すんだよ。
もしアレが自動ボタンだとするじゃん。
てことは、自動装置を誰かが入れるんだよな。
そういうことだよね。
だから、未だにさ、電気イスだって、誰かがスイッチ、入れるんだよ。

わかるかい？


で、そのスイッチを入れる人が、相手を憎んでたり、「当然だ」とかっていう、人を憎んだ気持ちで、こう、ボタンを押すとするじゃん。それは、人をあざ笑うのと同じぐらい、やっちゃいけないことなの。だけど、同じ電気イスのボタンを押すのでも、

「早く生まれ変わって、次はちゃんとした人生を送ってくださいよ」

とか言って、手を合わせるような人は大丈夫。

その人の冥福《めいふく》を祈ってやってる人は、そのことで因果は生まれない。


だからオレたちは、悪いほうの因果が出るのを回避できる。

つまり人を殺したとしても来世は必ず殺される、っていう話ではないんだよ。

だから、いろんなことが起きるけど、起きたことを「愛と光」で解決す

る方法を考えればいいんだよな。

それと、前世の因縁《いんねん》っていうけど、忠夫ちゃんが太ったのは、今世の因縁なんだよ、これ、自分が食ったんだから（笑）。

太ってる人は、前世の因縁で太ってる人ばかりじゃないんだよ。

うん。

だけど、忠夫ちゃんも、ここんとこ、ヤセてきてるよ。

でも、これも、自分の問題なんだよ。

要はね、なんでも昔のせいにしちゃダメなんだよ、ってことも言いたいの。

でも、だいたいは、昔やったことで因果を積んじゃってることが多いな。

昔やってしまった因果のことが、スゴく多いの。

それで話を元にもどすと、オレたちは、交通ルールを犯すとつかまるじゃん。

そうすると、たいがいの人は、「だから、やらない」ってなるじゃん。

わかるかな?

でも、それって当たり前で、魂的には零点なんだよ。

よくね、「悪いことすると、悪い因果が起きるよ」って言うんだよ。

他人《ひと》を見て、あざ笑ったり、バカにしたりすると、今度生まれたとき、自分が歩けなくなったり、目の見えない人になったりすることがあるんだよ。

だからって、歩けない人や目の見えない人を見て「この人はこういう因果なんだ」とか、思っちゃダメなんだよ。

オレたちも、前世に、そういうロクでもないこと、しちゃってるんだから。

わかるかい？

だけど、今はそういうこと、聞いたから、みんなは人のことをあざ笑ったりしなくなる。

やらなくなったからって、この話を聞いて悟ったようなつもりになっちゃダメだよ。

いいかい。

オレから話を聞いて、因果を知った人は、やっと零点になったんだよ。

前は、マイナスだったんだよ。

怒られるからやらない、というのは、魂的に、いいも悪いもない。

零点なんだよ、それ。

たとえば、オレが、高速で車をすっ飛ばしたりすると、周りの車が迷惑するし、事故を起こしたら、オレの家族も困るし、相手の家族も困る。だから、そういうことはしないほうがいいんだ、って。

わかるかい。


それでも、まぁ、車に乗って高速を走ってるとさ、オレなんかも、たまにあるんだけど。

「八〇キロぐらいだな」

とか思ってても、知らないウチにスーッと、スピードが出ちゃうことがあるんだよ。

一〇〇キロぐらい出ちゃうこともあるんだよ。

「目がなれる」って、不思議なもんだよな。

そういうとき、警察につかまったりすると、

「なんだよー、つかまっちゃったじゃねぇか」

って文句を言うこともできる。

けど、ホントは、つかまったほうが、よかったんだよな。

だって、そこでつかまったから、スゴく用心して、次から大きい事故を起こさないで済むんだよ。


元々、法律というのは、みんなを守るためにあるんだから、法律違反はやっちゃいけないの。

だから、つかまるから、やらないんだ、じゃなくて、良心に照らして、やらないんだ、って。

わかるかい？


「因果の法則」もそうだよ。

来世、悪いことが起きるから、やらないんじゃなくて、自分の良心に照らして、やっちゃいけないから、やらない――が正解。

弱い者いじめもそうだよ、やっちゃいけないことなんだよ。
それが大前提にある。

女の人の手を握って、女の人が訴えたら、逮捕なのに、いじめで逮捕されないのはおかしいんだよ

今はまだ、弱い者いじめをしたからって、逮捕されることはないけど。学校でいじめたら、いつか、そのうち、いじめで逮捕されるようになるからね。

今、逮捕されないのがおかしいんだよ。

だって、前は、ストーカーだって、つかまらなかったんだよ。何もしなかったら、ついて歩いてたってよかったんだよ。警察にいくら言ったって、おまわりさんは何にも手を出せない。

「被害がないでしょ」

って言うんだよね。

だけど、つけ回されること自体が、被害なんだよな。

だから今はそういうのは、犯罪として、つかまるようになったじゃん。

わかる？

学校でいじめやなんかに遭《あ》うとね、その子、学校に行けなくなっちゃう。

いじめって、その人の人生にいい影響は与えないよ。

オレみたいに、「中学まで行きゃ、十分だ」とか言ってるようなヤツって、少ないからね（笑）。

みんな、合コンも行きたいし、大学も行きたいしな。

でも、あんまりいじめられると、行けなくなっちゃうんだよ。


人の〝さだめ〟を変えるほど、意地悪しといて、罪にならないって、おかしいんだよな。


だって、誰かが急に女の人の手を握って、女の人が訴えたら、その男、逮捕されちゃうんだよ。

手なんか、洗えばいいじゃん――とか思ってても、それが罪になるの。

相手が嫌がってたら、それで十分、罪になるんだよ。

それなのに、学校でぞうきんの水を飲ませても、何のおとがめもない、って、おかしいんだよな。

その子にとったら、たいへんな屈辱なんだよ。

なのに罪にならない。

でも、そんな、おかしいことはもう通らなくなるよ。

立派なこと言ってるけど、オレたちみんな、やり直し組だから（笑）

いじめは、やっちゃいけないことなんだけど。

いじめられてる子って、因果的にいうと、前世、自分が強い立場のときに人をいじめたんだよ。

だから、よく、いじめられる子って、逆の立場になると、やるんだよ。

あのさ、子どもで、親に虐待《ぎゃくたい》される子がいるじゃない？

立場が逆転すると、自分がやりかねないんだよ。

もちろん、全員が全員、やるとは限らないよ。

虐待されてても、やらない人はいるの。

だけど、不思議なんだけど、その人がお父さんやお母さんになったとき、自分の子どもを虐待するケースって、案外珍しくないっていうんだよね。


それと同じように、いじめられて泣いてた子が、大人になって、やる立場になることもあるんだよね。

だから、本当はね、みんなで、この辺でね、魂の夜明けを迎えたんだから、もう一回、考えなきゃいけない。

「オレたち、なんで、何回も生まれてくんの？」って。

なにも、オドロオドロしい因果の話をしよう、っていうんじゃないの。

そうじゃなくて、因果というものを通じて、魂は成長するんだ、って。

だって、自分が積んだ因果を、先祖のせいにしたり、他の人のせいにしたら、自分の人生、変えようがないんだよ。

あなたが今こうなってるのは、あなたの先祖が地獄で苦しんでて――って、人のせいだと思ったら、魂の成長しようがないんだよ。

人のせいにするのも、いいかげんにしな、って。

地獄に落ちてる人がいるんです――落としときゃいいんだよ（笑）。

会場：（笑）

「百年、地獄にいなさい」

って、神さまが言ったら、百年いりゃいいの。

そこで反省してればいい。

なにも神さまは、いじめてんじゃないんだよ。

地獄にいるのは、魂の反省なんだよ。

成長の一過程なんだよって。


だから、ウチの純ちゃんも、昔は威張《いば》りんぼだったり、怒りんぼだったりしたから、この前、倒れちゃったんだよ。

そうすると、知らない人はね、

「怒ってばっかしいるから、バチが当たった」

って言うんだよ。

でも、そうじゃないんだよ。

これ以上、ほっとくと、もっと罪、犯すから。

そんなことをさせないための神の愛なんだよ。

神の愛で、その因果が起こると、

「このままだと、またもう一回、ひっくり返るから、止めよう」

って、人は気づくんだよ（笑）。

だから神は、これ以上、罪を犯させないために、そうしたの。

わかるよな。


人生、いろんなこと、これからも、いろいろあるよ。

だって、オレたち未熟だもん。

だから、純ちゃんのことだけ、言ってるんじゃないんだよ。

純ちゃんも、今、汚名返上で、人助けに顔晴《がんば》ってるしな。

オレたち、みんな、未熟なんだよ。

この辺に出てきて、立派なこと言ってるけど、オレたち全部、やり直し組だから（笑）。

敗者復活戦だからね（笑）。

そこから上がっていかなきゃなんないんだ、オレたち。

だから、「あの人はこういう因果で」とか言ってないで、自分に起きた問題、起きた問題を、淡々と、「愛と光」で解決していくことをやんなきゃいけないいんだよ。

オレの言ってることがおかしいか、よく自分の頭で考えなよ

二十一世紀早々ね、こういう話ができるオレもしあわせだな。

ただね、誤解してほしくないのは。

過去の指導者やなんかは、その時々の魂の段階に合わせて指導してただけで、ウソを言ってたワケじゃないの。

前世の魂の段階で、「あんたらのせいなんだよ」って言うのは、いきなり受け入れられない。

それを受け入れられるだけの、魂の成長をしてなかったんだよ。

でも、もう魂の夜明けがきたんだから、わかる。

オレの言ってることがおかしいか、よく自分の頭で考えなよ。

それで、魂って、不滅なんだよ。

信じられなくったって、不滅なんだからしょうがない（笑）。

だからオレ、津波も何も怖くないの。

地震も怖くないんだよ。

たとえば、今ここで、地震がくるとするじゃん。

オレ、死なないんだよ。

もし、死んだとしたら、それは寿命なんだ。

人は寿命がくるまで死なないんだよ。


で、死ぬとどうなるんですか?――って、死なないんだよ、魂は。

肉体から出た魂が、あの世に移動するだけなんだよ。

そこでまた修行して、また、この世にもどってくるんだよ。


それでね、宇宙には、ビッグバンっていうのがあって。

「ボン!」って爆発して、「ボォー」って、宇宙は未だにデカくなってんだ、どんどん、どんどん。

これが限界まで大きくなると、今度は、段々、段々、小さくなるんだよ。

それで、一個になっちゃうんだ、かたまっちゃうんだよ。

そうすると、また爆発するんだよ。

これを「神の息」というんだよ。

天之御中主《あめのみなかぬし》さまって、息してるんだよ。

大きい息、するんだよ。


どういうことですか？——って言ったとき、あと、どのぐらいか、わからないけど、地球はなくなっちゃうんだよ。

そのときに生きてる人間たちは全員、死ぬよな。

わかる？

だけど、そのとき、魂はある場所へ避難するだけなんだよ。

わかる？

わかろうが、わかるまいが、そうなんだよ（笑）。

東海沖地震がくるって、何十年も言ってて、こないのは外れすぎじゃねぇか(笑)

さっきから、ひとりさん、何を言いたいんですか?——って言うと、最近ね、マヤ暦がナントカ、カントカで、って言ってるんだよ。二千何年かになると、宇宙はどうなって、こうなって、って。

どうなっても、オレたちは死なないんだよ。

で、「もうじきアトランティスが浮上して」って。アトランティスが浮上しようが、ひっくり返ろうが、オレたちは死なないんだよ。

地球がなくなったって死なない。

ここに生まれてくる前、あの世から、こっちに帰ってくるまでの間に、しばらく、人の魂ってのは、いろんな星にあずけられるんだよ。

だから、土星にあずけられたヤツは土星の影響を引くんだよ。

だから、星回りに自分が関係があるんで。

とにかく、オレたち、ここに出てくる前に、ご厄介になってた場所があるんだよ。

こうこうこういう性格・性質を持った人は、この星――って、決まってる。

だから、あなたは、そういう性格だから、そういうところに行くようになっている。

そこでまた修行して、こっち側《がわ》に出てくる。

だから、星占いも、あんまりデタラメでもないんだよ。

だからって、すぐ、ウチの人は凝《こ》り性《しょう》だから、なんでも凝っちゃダメなんだ（笑）。

そんなことよりも（笑）。

あの、今、地震でもなんでもね。

オレ、めったにテレビ見ないんだけど、五日ぐらい前にテレビ、ちょっとつけたの。

そしたら、スゴいよ。

東海、関東から、東海沖地震が起きて、それの活断層が沖縄にまでつながってる、って言うんだよ。

それが一度に地震を起こすと、三〇メートルの津波が三分以内にくる、
って言うんだよ。
ゆれてる間に逃げなきゃいけない（笑）。

会場：（爆笑）

あのね。
あの人たちね。
おかしい（笑）。おかしい。

会場：（拍手）

いや、スゴい学者さんだって、知ってるの。
一生懸命研究やってて、地震の予測とかしてくれてるのはありがたいこ

とだよ。

だけど、そのスゴい人ですら、この前の東北の地震を当てられなかったんだよな。

いや、ホントに（笑）。

東北のほうに地震がきたから、急にいろんなこと、言いだしたけど、くる前は、東海沖地震が起きるって、三十年ぐらい前から、言ってんだよ。ずぅーっと、言ってんだよ、「くる」「くる」って。

それ、言ってるとこには、こないんだよ。

外れすぎだよ、ホントに（笑）。

会場：（笑＆拍手）

競馬だって、「二-四」
ずぅーっと買っててみな。
いつか当たるんだから(笑)

みんなね、どこの宗教へ行こうがいいの。
どこの神さま、信じてもいいけど。
人を脅《おど》かすとこは、ニセもんだよ。

神はね、「愛と光」だから、人を脅かさないんだよ。
人に「安心しな」って言うもんなんだよ。

わかるかい?

神の名を名乗ってる悪魔って、いっぱいいるんだよ。

だけど、悪魔を見分ける方法は、人を脅かすことを言うんだよ。

不安がらせるんだよ。


だから、オレたちも気をつけなきゃなんないのは、悪魔の使いになっちゃダメだよ。

ここにいる人たちも、あの、メールやなんかで、どこどこで、何月何日に地震がくるとか。

そういうメールがきたら、それ、回しちゃダメだよ。

あんなもん、回したら、悪魔の使いだよ。

それで、必ずね、地震がきたあとに、「当たった」っていうヤツが出てくんだよ。

当たるよ、毎回やってんだから、あれ（笑）。

会場：（爆笑）

それが外れると、また、「いついつ」になるんだよ（笑）。来月になるんだよ、また。

競馬だって、「二-四」ずぅーっと買っててみな、いつか当たるんだから（笑）。

会場：（拍手）

あのね、地震国は地震が起きるの。

世界の地震の二割は、日本にくるんだよ。ねぇ。

だからって、不必要なまでに、心配することはない。
オレたちは、寿命がこない人は死なないんだよ。
わかる？
全員が死んでも、オレたち生きてるの。
なぜなら、魂は不滅だから。

いいかい。

この地球という星は、一個しかないんだよ。
人間が住める星って、一個しかないんだよ。
望遠鏡がいくら発達しても、見つからない。
なぜ、見つからないのかっていうと、神が地球を創ったからなんだよ。
偶然できたなら、もっといっぱいあるんだよ。

一〇〇万個に一個なら、二〇〇万個に二個、あるんだよ、ね。

わかるかい？

もし、一億個に一個あるんだったら、二億個にもう一個、あるんだよな。

「偶然だ」「偶然だ」って言うんだったら、いくらでもあるんだよ。だけど、この星は、神が、人間が肉体をもって生きられるように創ってある特殊な星なんだよ。

でも、霊魂が肉体から抜けちゃえば、どこでも住めるんだよ、オレたち。

火星だろうが、金星だろうが、いくら熱くたって、知ったこっちゃねぇんだから（笑）。

肉体があるから問題があるんだよ。

それで、人はさ。

自分が生まれたときって、痛くも苦しくもなかったよね。

死ぬときもないんだよ。

なぜかというと、「生まれる」と「死」はセットなんだよ。


神は苦しみを与えないんだよ。


だから、交通事故でバーンって当たって、「うぅ……」って言ってる人がいるじゃん。

そういう重態の人が助かっちゃうとするんだよね。

あとで、「おまえ、あんとき、スッゲー苦しんでたけど、痛くなかったか？」って聞くと、

「全然」

って、何も覚えてないの。

それで、「いや〜、痛くて覚えてますよ」って言うヤツは死なないの。

会場：（爆笑）

だから、死ぬときゃ、痛くないんだよ。

それで、死んだって、あの世に行くだけなの。

向こうに行くと、先にね、亡くなった人が待っててくれる。

恵美子だったらお母さんとかな、先に逝った人が待ってて、

「恵美子、やっときたな」

とか言って、迎えてくれるの。

ウソみたいなんだけど、そうなんだよ。

オレは小さいときに、神さまに見せてもらったの。

じゃなかったら、オレなんか見せてもらわなかったら、絶対に信じないもん。

いや、ホントにね。
あの、理屈家ってそうなんだよ。

だけど、理屈じゃ解決できないことって、たくさんあるんだよ。
オレが今まで言った、信じられない話を信じてみな。
そうすると、人生が違ってくるから。

今世、オレは、今までと違うことに挑戦してる

親と子は魂が違うんだよ。
兄弟も違うんだよ。
だから、兄弟ですら、似てないんだよ。

わかるかい?

性格がみんな、違うんだよ。

それで、魂っていうのは、ダマされないんだよ。

何を言いたいのかっていうと、ここにいる人は、昔からつきあいがある仲間で、ソウルメイトなの。

魂は、その記憶を、ちゃんと覚えてるんだよ。

だからオレが神さまの話をしだしたら、全国からオレんところへ人がくるんだよ。

オレ、ずぅーっと前世からやってたんだよ。

神の話をしだしたと同時に、全国からオレのもとに馳《は》せ参《さん》じる人がいるんだよ。

ここにいる人は、昔も聞いてたんだよ、って。

会場：（拍手）

だから、こういう話はね、あばら家でしゃべっててもね、庭に人が集まっちゃうの。

それで、魂的な話、するんだけど。

ただ、オレたちは未熟なとこから上がってくるからさ。
「ついてる」って、言ったほうがいいよ。
思ってなくても、言ったほうがいいよ、って。
でも、ホントは思いながら言ったほうがいいんだよな。
だけど、いっぺんには難しいじゃん。
だから、そこからはじめたんだよ。

それからね、今世、オレは、今までと違うことに挑戦してるの。
それは、自分で仕事をしながら、みんなから、誰からも寄付をもらわずに、税金、払いながら、こういうことしようと決めてるの。

会場：（拍手）

「来世のために一生懸命やろう」って言うけど、まず今世、しっかり生きることが大事なんだよ

神さまって、キレイなほうが好きなんだよ。
だから、女の人、キレイになんな。

心もキレイなほうが好きなの。

だから、自分の顔がいくら美しくなっても、

「なに、あの人は」

って、人の悪口言いだしたら、心ってキレイじゃなくなっちゃうよな。


心もキレイなほうがいいんだよ。

愛があったほうがいいんだよ。

で、そんなことを知らない未熟なときに、いろんなこと、したんだよ、オレたち。


だから、それをオレたちは、イヤなことが起きても、

「昔、やったことだ」

って、笑顔で刈りとって、さらに、そのうえに〝いいこと〟をするんだよな、一生懸命。

いや、たいしたことじゃなくて、いいんだよ。

他人《ひと》が明るくなるような天国言葉しゃべるとか、笑顔でいるとかね。

特別なことって、しなくていいんだ。


だけど、来世のために、今、自分ができる範囲の〝いいこと〟をする。

今、自分の目の前にいる人の心が明るくなるような笑顔をみせたり、天国言葉を話したりすればいいの。

それで、今世やってる〝いいこと〟って、来世のためなんだよな。


「来世のために一生懸命やろう」って言うけど、でも今世も大事なんだよ。

いいかい。

今月食えなくなるほど、来月のために貯金しちゃダメなんだよ。

わかるよね（笑）。

それから、友だちが金、借りにきたからって、自分が食えなくなるほど貸しちゃダメなんだよ。

わかるかい。


今世、自分がしっかり生きて、来世のためにちょっとでも〝いいこと〟をしよう。

その心が大切なんだよ。


だから、〝いいこと〟をするのはいいけど、自分の生活がおかしくなるほど、やっちゃダメなんだよ。

この前、新小岩のひとりさんファンの集まるお店にきてる方で、手話をやってる方がいて。

その人、一生懸命手話やってるんだけど。

たとえば一時間で一〇〇〇円もらうとするじゃない？

往復代はもらえないから、そこで二時間やると一日で二〇〇〇円しかもらえなくて、交通費は自分持ちになっちゃう。

わかるかい？

で、「なんとか、この手話が盛りあがる方法、ありませんかね」って言うから、オレ、「盛りあがんないよ」って言ったの。

だって、盛りあがんないんだよ。

盛りあがるモンと盛りあがんないモンって、あるんだよね（笑）。

そうしたら、「わたしはどうしたらいいんでしょう」って聞かれたんだけど、あのね。

自分を助けることのほうが先なの。

「手話をやって、みんなのためになってる」

って言うと、素晴らしいけど。

パートに働きに行くとか、まず自分が食べていけて、自分を助けたとき、はじめて、

「日曜日にボランティアで行こう」

とかってなるんだよ。

もっと言えば、自分が食えれば、その二〇〇〇円だっていただかなくて、「いりません」って言うことだってできるんだよね。

あのね、これもね、なんていうのかな、間違ってるんだよ。

神は犠牲を喜ばないんだよ。

「親の因果が子に報い」ってウソだよって、さっき言ったよね。

それから、もう一個ね。

みんなが思ってることで、「これ、違うよ」っていうのがあるんだよ。


神は犠牲を嫌うんだよ。


たとえば、今までの観念だったら、オレ一人、死んだらね、ここにいるみんなが助かるんだとしたら、「オレは犠牲になって、喜んで死ぬ」って言うと、ヒーローみたいに思うけど。

でも、この会場に、一五〇〇人ぐらい、いるんだよね。

一五〇〇人が助かるんだったら、オレも助けてよ（笑）。

だって、そうだよね（笑）。

会場：（拍手）

なんで、みんなでさ、あと一人、助けること考えないの（笑）。

あのね、もし飢えてても、みんなが一口ずつ、食いものくれたって、何したって助かるんだよ。


だからね、神は犠牲を求めないの。

なぜかっていうと、恵美子さんがね、死んだらみんなが助かるって言っても、恵美子さんも神の子なんだよ。

神の子を助けるために、神の子が死ぬ必要はないんだよ。

「あんただけ、死になさい」

とか、神は言わないんだよ。

そんなことを言うのは、神じゃないよ。

うん。

だって、神は犠牲なんか、求めないんだもん。

このまま行くと日本はダメになっちゃうって、このまま行かないんだよ

神的に言うとね。

日本も、この前、戦争して、朝鮮のほうへ攻めてったり、中国に攻めてって、ご迷惑かけたんだよね。

アレなんかもね、

「満州の満鉄をとられたら日本がダメになっちゃうから」

って、ものすごい勢いで戦争したんだよ。

日本がこのまま行くとダメになっちゃう――って恐怖だよな。

恐怖を先頭にして話しはじめる人ってね、おかしいんだよ。

「こいつ、悪魔の使いじゃねぇか」って。


それで、特攻隊まで出して、日本人は死に物狂いで戦って、ものすごい数の人間が亡くなったんだよ。向こうの人も死んだんだよ。

日本は負けて、満州もとりあげられたんだよ。

だけど、とられた今のほうが日本は栄えてる、って。


どうしたの？　これ（笑）。

満鉄とられたら、日本はダメになるはずじゃなかったの？

今は、北方領土もないんだよ。

それなのに、これだけ栄えてんだよね。


わかるかい？

ナニナニになったら、こうなっちゃう、ってさ。
オレたちの若い頃はね、「あと三十年たったら、二十一世紀のはじめになったら、世界中の石油が枯渇《こかつ》する」って言われてたんだよ（笑）。ところが、今、車が石油でブーブー走ってるよね。

会場：（爆笑）

ホントなんだよ。
「二十一世紀のはじめには日本人の半分が餓死する」とかって言ってたんだよ。
それでクロレラ開発したり、いろんなものを開発してたんだよね、宇宙食だとか。
だけど、二十一世紀になった今、デブで困ってる人がたっくさん、いるんだよな。
どうすんの？
いや（笑）。

会場：（拍手）

あのね、誰かが何かを恐怖で話しだすと。
で、必ず「このまま行くと」「このまま行くと」って言うんだよ。

そういえばオレ、この前、いちばん驚いたのは。
あのね、人間の、原始人の頃って、こう、からだがマルかったんだって。
前のめりだったんだって。
それが、段々、段々、こう、まっすぐになってきてんだって。

で、このまま行くと、あと何万年後かに、後ろへ倒れちゃうんだって（笑）。

会場：（爆笑）

このまま行かねぇだろ（笑）。

あのねぇ。

石油が枯渇すりゃ、代替エネルギー考えたり、太陽エネルギー考えたり。

人って、智恵、出すんだよ。

いろいろやるんだよ。

「このまま行くと」って、このまま行かないいんだよ。

でね、恐怖をあおって、何かやろう、ってヤツはゼッタイにね、悪魔の手先だよ。

あのね、神は「安心しな」なの。

だからオレもね、地震でも何でもね、日本って地震国だから「安心しな」って言うようにしてるの。

心配すると、余計、災難が大きくなるから。

娘がスチュワーデスに受かって喜んだと思ったら、今度は「飛行機が落ちるんじゃないか」って

ところで、この前、知り合いが、ものすごく喜んで電話してきたんだよ。

その人は、かわいい娘さんがいて、その娘が、「スチュワーデスになりたい」って、顔晴《がんば》ってたの。

家族も応援してたの。

で、スチュワーデスになって、「バンザイ！」なんだよな。

わかる？


ところが、その後にまた電話かかってきたの。

今度は、おびえてるの。

「どうしたの？」

って聞いたら、最近、飛行機の事故がすごく多いらしくて。

そうしたら、「娘が死んじゃうんじゃないか」って。

オレ、その人にさ、

「あんた、地獄に行くよ」

って言ったの（笑）。

会場：（爆笑）

なんでかって、心配性だから。
ちなみに、ここにいる人の八割は地獄、行くからね（笑）。

会場：（爆笑）

覚えといてよ。
みんな、また、向こうで仲よくなれるからね（笑）。
オレがこんなことを言うのは、みんなを地獄に行かせたくないからなんだよ。

子どもを心配するより、信じるの。その子の魂は困難を乗り越えられると信じるんだよ

地獄っていうところはね、寒くて暗いの。
それで、クサいところなの。
「最悪じゃねぇか」って、最悪なんだよ（笑）。
全然、行きたくないんだよ、オレなんか（笑）。

じゃあ、なんで地獄に行くんですか？――って、心配性なんだよ。

簡単に言うと、心配性って、病気みたいなもんだからね。

気が病《や》んじゃってるから、ふつうは心配しないようなことまで、先回りして心配するんだよ。

だから、そういう人が天国に行くと、「いつまで、ここにいられるかしら」って(笑)。

「明日、追い出されたらどうしよう」とかね。

あのね、心配性の人がそばにいるって、天国では考えられないんだよ。ってことは、天国には、心配性の人はいない。

それと、気をつけなきゃいけないのは。

人間ってのは、思ったことを引き寄せられるんだよ。

だから今、「娘が心配で」とかって飛行機に、下から変な波動、出してると、その通りになっちゃうから、止めな。

人は寿命がくるまで死なないの。

「娘を心配するのは親の務めだ」と思ってるけど、信じるの。
その子の魂を信じるの。
神と決めてきた、いろいろな困難を越えられる子だと信じるの。

で、人は死なないの。

なぜ、心配性がいけないのか。
それは、娘を信じてない。
自分を信じてない。
神を信じてない。
だから心配してるんだよね。

娘を信じて、自分を信じて、神を信じてたら、心配なんかしないんだよ。

いや、神を信じてようが、信じてまいが、オレたちは死なないんだよ。

だから、基本的に、そこが違うんだよ。

わかった？

ひとりさんの話は、死んだらわかる。「なんだ、言ってた通りじゃねぇか」って

あのね。

織田信長が「死ねば終わりだ」って言った——という話があるのね。

それと、「神も仏もない」と言ったとか。

だけどオレは、「人の魂は死なないんだよ」って言いたいの。

周りがなにを言ってようが、そんなこと、オレは知ったこっちゃない。

オレの魂は死なない（笑）。


それで、ひとりさんの話は、死んでみりゃわかるんだよ。

「なんだ、言われた通りじゃねぇか」って思うだけなの。

わかる？


死ぬと真実がわかる。

だから、浄霊やったりなんかすると、いろんなとこで浄霊中、女性が急に男の言葉でしゃべったり、いろんな霊が出てくるんだよ。

わかるかい？


霊が出てきたんだよね。

てことは、肉体は死んでも、魂は死んでないんだよな。

会場：（拍手）

だから、みんなが、人に浄霊をしてあげたり、してもらったりするなかで、いろんな霊を目《ま》の当たりにしたとき、

「霊魂は不滅なんだ」

っていうことがわかるんだよな。

魂は何回も生まれ変わる、ということもわかる。

そうしたら、その次に思うのは、

「人はなんで、生まれてくるんだろう」

「どうして、何回も生まれるんだろう」

そう思ったとき、ひとりさんが言ってるようなことを覚えて、あなたの周りで教えを求めている人に、

「魂は不滅なんだよ」って。

「自分でやったことの責任をとって、刈りとるんだよ」って。

自分に悪いことが起きたのは、ご先祖のせいでも何でもないんだよ。

ご先祖が悪いことをしたのはご先祖に出るんだよ。

だって、その人がやったんだもん。

ねぇ。

だけど、悪い因果を積んだ人は悪人でもなきゃ、罪人なワケでもないんだよ。

長い間、生きてきたなかで、その人は〝いいこと〟もしてるんだよ。

いろいろやってんだよ。

〝いいこと〟もやってるから、今〝いいこと〟も起きてるの。

よく、「先祖が〝いいこと〟をしたから、あんたに出てるんだよ」って言うけど。

それの因果は先祖に出るんだよ。

あなたに〝いいこと〟が起きてるんだったら、あなたが前世に〝いいこと〟をやったの。

だから、人のせいにできないんだよ、因果って。

わかる?

その代わり、自分のことだから、どうにでもなっちゃうんだよ。

この「因果の話」を伝えるために、白光の浄霊があり、奇跡があって、いろんな人が治るんだよな。

だから、「治ってよかったね」だけじゃダメなんだよ。

ハッキリと、この因果の法則を知って、「魂の成長のために、その因果は起きるんだ」って伝えていく。

そして、この教えを実践して、自分がしあわせで豊かになり、周りもしあわせで、ステキな人生を送っていくの。

だから、オレはこれからも、奇跡を起こし続けるんだよ。

なんでですか?って、この教えはステキな教えだ、ってことを証明したいから。

だから、たった五人しかいない会社で、納税一番をやり続けるんだよ。

ウチは日本漢方研究所（銀座まるかん）って名乗ってるのに、研究員がいないいんだよ（笑）。

会場：（爆笑）

で、オレも研究してないいんだよ（笑）。

それなのに、「一〇〇個に一個当たればいい」という、この時代に、当たるものを、ずぅーっと出し続けてるんだよ。

会場：（拍手）

だから、神は、オレを日本一にするなんて、ワケないんだよ。

水晶を持って、浄霊をはじめたばっかりの人に奇跡を起こさせることも、できるんだよ。

神は、この宇宙を創っちゃうような人なんだよ。

わかるかい？


神さまって、なんでもできるんだよ、って。

一生懸命刈りとって、一生懸命、いい種まけば、いいんだよな

そろそろ、みんなも、誰かのせいにするの、よそう。
自分のやったことを自分で刈りとるのは、当然のことなの。
それと。
そろそろ、変な因果作って、来世に残していくの、止めよう。
一生懸命、刈りとって。
一生懸命、いい種まけば、いいんだよな。

特別なことなんか、しなくていいんだよ。

人に対して傷つけるようなこと、言わなきゃいいんだよ。ねぇ。
それを、なぜ、できないんですか?――って、「我《が》」だよ。

あなたに「笑顔にしてな」って言う。
そりゃそうだよな、笑顔のほうがいいに決まってるんだから。
それなのに、ブスッとしてる。
せっかく「笑顔でいるといいですよ」という話をしてくれているのに、
それを聞いてもブスッとしてるって、おかしいんだよ。

グチとか泣き言、文句、悪口とか、マイナスの地獄言葉より、プラスの
天国言葉のほうがいい、なんて、子どもだってわかるんだよ。
それを、いい大人がやらないのは、「我」が強いんだよ。
わかるかい?
「我」をなくせばいいんだよ。

オレたちは元々「真我《しんが》」という分霊《わけみたま》なんだよ。

真我はキレイなんだよ。


だからオレたちさ。

ともかく早く、マイナスから零点までもってって。

今んとこはな、「えっ、人をあざ笑うといけないんだ。じゃ、止めよう」で、いいよ。

やっと、零点になったんだから（笑）。

マイナスよりいいよ。

そのうち、「そうだよな」って、「やっちゃいけないことはやらないんだ」ってなっていくから。


だから、自分がいくら字がウマくたって、ヘタなヤツがいたとき、教えてやるかなんか、すればいいんだよ。
字がウマく書けない人をあざ笑うためにオレたち、修行したんじゃないよな。
それと、「そんなこと、よくないからよそう」だよな。
そうなったとき、神さまから一〇〇点だって、一〇〇万点だって、もらえるよ。

この世は、上には上がいるけど、下には下がいる。どんな未熟者だって、お役に立つことがあるんだよ

オレも未熟かもわからないんだよ。
でも、未熟だって、一生懸命やれば、やれることがあるんだよな。
この世のステキなところはね、上には上がいるけど、下には下がいる（笑）。
それが、この世の〝いいところ〟なんだよ。

だから、ここで話を聞いて、「そうだ」と思った人は、一生懸命、目の前の人に教えてあげればいいんだよ。
「ところでさ、あんたに起きてる悪いことはあんたがやったんだよ」とかって。

他人《ひと》の因果はあなたに出てこないんだよ。
わかるかい？
オシッコだって、ウンコだって、あんたが食ったもんが出てくるんで

（笑）。

他人のものが、あなたに出てくることはないんだよ。

会場：（大爆笑）

いや、ホントにそうなんだよ。

それで、こんな簡単なことがさ、やっと今、「聞く耳を持とう」っていう人が出てきてるの。

だから、やっとこれから、はじまるんだよな。

魂って、やっと、この段階まできたの。

二十一世紀は魂の時代だ、って。

魂の時代って、なんですか？

ホントの因果がわかる。

ホントに自分がやるべきことがわかる人が、目覚めてくるの。

オレは「いい時代だ」と思うし。

そのことを、ヨソに先駆けて、こうやって、できたりすることを「ありがたいことだな」と思ってるのね。

ホントに、この教えを伝えて、安心の波動を広めていくのは、とてもオレ一人じゃできないの。

だから、ここにいる人が協力して、みんなで、テープ聞いたりなんかして、納得した人ね。

いや、未だに自分はそこまで成長してないから、オレに悪いことが起きるのはご先祖さまのせいだ——と思いたい人は、思っててていいよ。

でも、「これ、どう考えても、オレだよ」って納得したんなら。

納得した人から、ひとつ、はじめてみようじゃないか。

オレ、高校までしか行ってないからね、会社でバカにされるんです――って言う人がいるけど。

ひとりさんは中学までしか行ってないけど、一回もバカにされたことないよ。

バカにされるのは、自分がね、学歴があるとき、人をバカにしたんだよ。

たとえば平安朝の時代かなんかに、スゴく勉強して、できないヤツ、バカにしたんだよ。

だから、そういうことが起きるんだよな。

それをね、自分の子どもに、

「学校、行ってないとバカにされるから」

って、一生懸命言って、いい学校に行かせようとするけど。

学校のことであなたがバカにされるのは、あなたが前世に同じようなことをやったからなんだよ。

その因果、そろそろ解消しませんか？

だから、そんなこと、いつまでも言ってないで、「オレ、止めるよ」って。

「オレも、どっか、悪いとこ、あったんだよ」って。

「もう、学校のことで、人をバカにしないよ」って思えばいい。

そうしたら、魂って、成長するよな。

で、因果を消すって、結局、魂が成長すればいいんだよ。

だから、みんなで、魂を成長させてさ。
そうしたら、今度は、人の魂が成長するお手伝いをするの。
神さまがいちばん喜ぶのは、神さまのお手伝いをする人なんだよ。

「正しい教え」「正しい教え」って言うけど、それがどういうものか、知ってるかい？

いろんな宗教でね、神の降臨《こうりん》を待ってる宗教がいっぱいあるんだよ。
だけど神は、神のお手伝いをしてくれる人を待ってるんだよな。
両方で待ってるから、話にならない（笑）。
だから、オレたちは、神を手伝えばいいんだよ。

天之御中主《あめのみなかぬし》さまって、デカすぎて、まつるところがないんだよ。
海なんてモンじゃない。
「ここに降りてきてください」
って、降りてこられるような存在じゃないんだよ。
デカすぎるんだよ。
オレたちのいるところまで、降りてこられないんだよ。
今まで、こられてないんだから、こられないの（笑）。

会場：（爆笑）

それより、オレたちが、「愛と光」でね。
今もオレ、「愛と光」で、一生懸命しゃべってんだよ。

会場：（拍手）

あの、ホントに、オレも未熟なんだけど。

みんなも、未熟だけど、やれることがあるんだよ。

浄霊したりなんかしてね、奇跡が起きて、みんなに喜ばれてるけど、浄霊は、いいかい。

奇跡とは、ひとりさんが小さかった頃に神さまから教わったこと、因果の話とか、地獄のこととか、教えを広めるためにあるんだよ。

ただ、この因果の教えって、最先端なの。

だから、いきなり教えを伝えようとしたって、受けとめられない人がいるんだよ。

そういう人が聞く耳をもってくれるために、神が奇跡を起こしてくれるんで。

いいかい。

正しい教えとは、因果を作らないことなんだよ。

因果を解消する、そして、因果を作らない。

それで、その因果は自分のやったことなんだよ、あんたがやったことなんだよ、って。


わかるかい？


そのことを、一人でもいい、聞く耳をもってもらうために、これから、いろんな奇跡が起きる。

だからって、その奇跡を手放しで喜んでちゃダメだよ。

オレのＣＤ、たった一枚でもいい、オレの本でもお弟子さんの本でも、なんでもいいから、

「ちょっと、これ、おもしろくてためになる本だから、読んでみて」とかさ。

「このCD、聞いただけで、元気になっちゃうから、ちょっと聞いてごらん」とか言ってさ。
それを聞いたり、読んだりしたとき、救われる人がいっぱいいるの。

ただ、ここで、一つ覚えておいてほしいのは。
ひとりさんのは絶対、宗教にならないんだよ。
オレもあなたも、同じ分霊《わけみたま》がある、と言ってるんだよ。
全員、未熟ながら神だ、って言ってる。
「オレだけ神だ」って言えば、宗教になっちゃうんだよ。
だけど、ひとりさんとこのは、みんな同じで、一人ひとりが神なんだよ。

わかるかい？

因果がある、てことは、宇宙には正義があるんだよ

もう一回言うよ。
あなたが前世にやったことが、今世、あなたに起きる。
自分がまいた種は、自分が収穫するの、あなたが刈りとるんだよ。
わかるかい？

あなたを救うのは、あなた自身なんだよ、って言いたいの。

だから、恵美子さんを救うのは恵美子さん。
恵美子さんの因果を消せるのは、恵美子さんしかいないんだよ。

だから、ウチのは宗教にならないんだよ。

なりようがない（笑）。

だって、自分の因果を自分で消すんだから。

それとね。

「ひとりさんって、スゴいんですね」

って、恵美子さんや、みんなは言うけど。

オレがスゴいんじゃない。

オレが金も何ももってない頃からついてきて、教えを実践してきた恵美子さんがスゴいの。

で、全国各地で奇跡を起こしてる、みんながスゴい。

それと、みんなに奇跡を起こさせてくれてる、天之御中主《あめのみなかぬし》さまがスゴいの。

天之御中主さま、っていうのは、こっちの、日本的な言い方だよ。

外国へ行くと、「アラー」と呼ぶ人もいるし、「ヤハウェ」とか、いろんな呼び方があるけど、宇宙に一つの絶対神なの。

いずれにしろ、因果がある、ということは、宇宙には正義があるんだよ。

考えてみな、いいかい。
悪いことをすると、悪いことが起きる。
いいことをすると、いいことが起きる、ってことは、宇宙は「無」ではないんだよ。
秩序があるんだよ。
だって、悪いことが起きる、ってことは、やっちゃいけないことをしたからなんだよ。
ということを、魂は、代々、覚えてくるんだよ。

で、〝いいこと〟をすると〝いいこと〟が起きて、ご褒美《ほうび》をもらえるんだよ。

てことは、この宇宙には、宇宙的正義があり、秩序がある。

そこでは、何を基準にしてるかっていうと、「愛と光」なの。だから、まずは、自分の心をいつも「愛と光」に置いておくクセをつけるの。そして、問題が起きたとき、愛があって上気元な方法で解決していくの。

そうやって、生きていけば、いつも、どこにいても、しあわせになれるんだよ。

しあわせを追求してね、自分の人生、楽しんだモン勝ちだよ

死んだらどうなるか――。

オレは小さい頃、神さまに見せてもらったことがあるの。
死ぬとね、二つしか質問されないからね。
一つは、「人生を楽しみましたか？」って。
もう一つは、「人に親切にしましたか？」。
この二つしか聞かれないんだよ。
だけど、この二つは同じなんだよ。

人生を楽しみましたか？——って、他人《ひと》に喜ばれると、人はすごくうれしくて楽しいんだよ。

このパーティも、別にオレ、一銭にもなんないんだよ。

会場：（爆笑）

いや、ホントだよ（笑）。

だってオレ、「講演会やるよ」って言うと、もっと大勢の人がくるんだもん。

「五〇〇〇円ください」

って言っても、みんな喜んで、払ってくれるんだよ。

このパーティだって、みんなお代払ってくれてるけど、あのお金はここのご飯代だからね（笑）。

ひとりさんの講演料とか、オレ、とってなくて、ボランティアでやってる（笑）。

だけど、みんなが喜ぶと、うれしいんだよ。

人間、生きてて、なにがうれしい、ってさ。

ゴルフで、ポンって、穴にボールが入ってくれるのも、うれしいだろうけど、

「あなたがいてくれて、しあわせだよ」とかね。

「あなたと同じ時代に生まれてしあわせだ」とか。

そうやって言われたら、いちばんしあわせだよね。

「自分は人からどんなふうに思われてもいいんだ」って言うけど、嫌われたら、しあわせじゃないよね。

だから、しあわせって、追求したらね。追求すればするほど、人に喜ばれることが、「しあわせだ」ってことがわかるよね。

人間ってさ、自分の魂が成長したときに無上の喜びを感じるものなんだよ。

で、宇宙の真理を伝えることが人に喜ばれることなんだよ。

だからね、これから奇跡がいっぱい起きるけど、神は目的があって奇跡を起こしてるの。

それは、教えを広めたいの。

で、教えって、難しいことじゃないの。

あなたがまいたもの、あんたが刈ってください。

あなたが〝いいこと〟をしたら、あなたに〝いいこと〟が起きるの。

親が〝いいこと〟をすりゃ、子どもに〝いいこと〟が起きる——って、起きません。

子どもは子どもでやるの。

わかったね。

いい親のもとに生まれりゃ、子どもは、その、いい親をじっと見ながら、自分も〝いいこと〟をするんだよ。

ヤな親のところへ生まれたら、ヤな親のことを見ながら、

「ああいうことは止めよう」

と思うんだよ。

そうやって、魂を成長させるの。

この因果のことがわからないと、何しにこの世に出てきたか、わからないから人生を棒にふっちゃうんだよ。

だからオレたちの教えで、何が必要か、っていうと。

自分は何のために生まれてきたんだろう。

この人生を、どういう意図で構成するんだろう、ということ。

みんな、起きた問題、起きた問題を、一応、解決しようとはしてるんだよ。

でも、そのときに。

「愛と光」、要するに愛情があって、上気元な解決方法は何だろう――っていうふうにして、この問題、この問題を解決しようとすればいいんだよ。

ただね、起きる問題は全員、違うんだよ。

起きることは全員それぞれ、違うんだよ、ただ……。

「愛と光」でこの問題を解決するんだ——って、じぃーっと考えたら、もう、その場で一〇〇点なんだよ。

だって、そういう人は「愛と光」の人だもん。

今日は、ここに、一五〇〇人以上の「愛と光」の人が集まりました。ありがとうございます。

そして、この本を最後まで読んでくれた「愛と光」の人に感謝します。

おわりに

一日一〇〇回、
「わたしは愛と光と忍耐です」
と言ってください。
忍耐という言葉に抵抗のある、あなた。
この「忍耐」は何でもガマンしろ、という意味ではありませんよ。
心を愛と光に忍耐強く置く、という意味ですよ。
十日たち、百日たった頃、本当のあなたの素晴らしさが輝きだしますよ。

死ぬまで続けるものを一つ持っていると、素晴らしいですね。

詳しく知りたい方は『知らないと損する不思議な話』（ＰＨＰ研究所刊）をご覧ください。

斎藤一人

さいとうひとり公式ブログ
http://saitou-hitori.jugem.jp/
一人さんが毎日あなたのために、ついてる言葉を、日替わりで載せてくれています。愛の詩も毎日更新されます。ときには、一人さんからのメッセージも入りますので、ぜひ、遊びに来てください。

お弟子さんたちの楽しい会

♥斎藤一人　一番弟子――――――――――――――柴村恵美子
恵美子社長のブログ https://ameblo.jp/tuiteru-emiko/
恵美子社長のツイッター https://twitter.com/shibamura_emiko
ＰＣ http://shibamuraemiko.com/

♥斎藤一人　ふとどきふらちな女神さま――――――舛岡はなゑ
https://ameblo.jp/tsuki-4978/

♥斎藤一人　みっちゃん先生公式ブログ――――みっちゃん先生
http://mitchansensei.jugem.jp/

♥斎藤一人　芸能人より目立つ!! 365日モテモテ♡コーディネート♪
――――――――――――――――――――――――宮本真由美
https://ameblo.jp/mm4900/

♥斎藤一人　弟子 千葉純一 著書「斎藤一人 大開運 人生を楽しむ仕組み」「斎藤一人 お金に嫌われない大成功の仕組み」他
――――――――――――――――――――――――千葉純一
https://ameblo.jp/chiba4900/

♥斎藤一人　のぶちゃんの絵日記――――――――宇野信行
https://ameblo.jp/nobuyuki4499/

♥斎藤一人　感謝のブログ ５匹の猫と友に――――遠藤忠夫
https://ameblo.jp/ukon-azuki/

♥銀座まるかん芦川隊　天使の翼――――――――芦川勝代
http://www.maachan.com/

ひとりさんファンの集まるお店

全国から一人さんファンの集まるお店があります。みんな一人さんの本の話をしたり、ＣＤの話をしたりして楽しいときを過ごしています。近くまで来たら、ぜひ、遊びに来てください。ただし、申し訳ありませんが、一人さんの本を読むか、ＣＤを聞いてファンになった人しか入れません。

新店住所：東京都葛飾区新小岩1-54-5　1階　電話：03-3654-4949
行き方：ＪＲ新小岩駅南口のルミエール商店街を直進。歩いて約３分
営業時間：朝10時から夜８時まで。年中無休

各地のひとりさんスポット

ひとりさん観音：瑞宝山　総林寺
住所：北海道河東郡上士幌町字上士幌東４線247番地
☎01564-2-2523
ついてる鳥居：最上三十三観音第二番　山寺千手院
住所：山形県山形市大字山寺4753　☎023-695-2845

観音様までの楽しいマップ

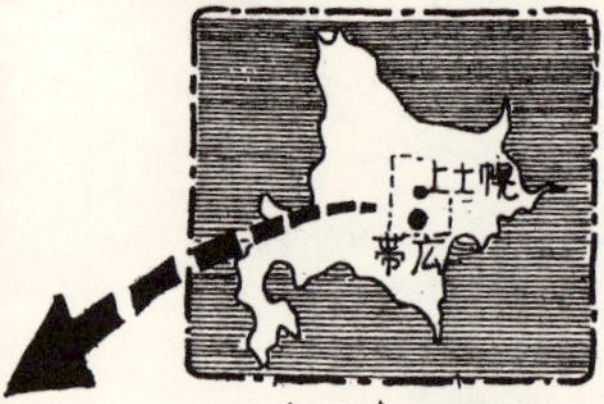

①愛国←→幸福駅

『愛の国から幸福へ』この切符を
手にすると幸せを手にするといわれ、
スゴイ人気です。ここでとれるじゃがいも・
野菜・etcは幸せを呼ぶ食物かも!
特にとうもろこしのとれる季節には、
もぎたてをその場で茹でて売っている
こともあり、あまりのおいしさに
幸せを感じちゃいます。

②十勝ワイン(池田駅)

ひとりさんは、ワイン通といわれています
そのひとりさんが大好きな十勝ワイン
を売っている十勝ワイン城があります
★十勝はあずきが有名で『赤い宝石』
と呼ばれています。

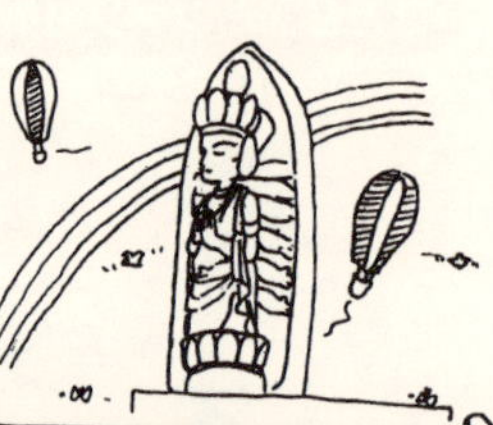

★観音様

ひとりさんの寄付により、夜になると
ライトアップして、観音様がオレンジ
色に浮かびあがり、幻想的です。

③上士幌

上士幌町は柴村恵美子が生まれた町。
そしてバルーンの町で有名です。8月
上旬になると、全国からバルーニスト
が大集合。様々な競技に腕を競い
合います。体験試乗もできます。
ひとりさんが、安全に楽しく気球
に乗れるようにと願いを込めて
観音様の手に気球をのせています。

④ナイタイ高原

ナイタイ高原は、日本一広く大きい牧場
です。牛や馬、そして羊もたくさんいちゃうのヨ。
そこから見渡す景色は雄大で感動!!
の一言です。ひとりさんも好きなこの場所
は行ってみる価値あり。
牧場の一番てっぺんにはロッジがあり
ます(レストラン有)。そこで、ジンギスカン
焼肉・バーベキューをしながらビールを
飲むとオイシイヨ!とってもハッピーになれ
ちゃいます。それにソフトクリームがメチャ
オイシイ。2ケはいけちゃいますヨ。

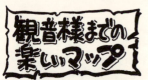

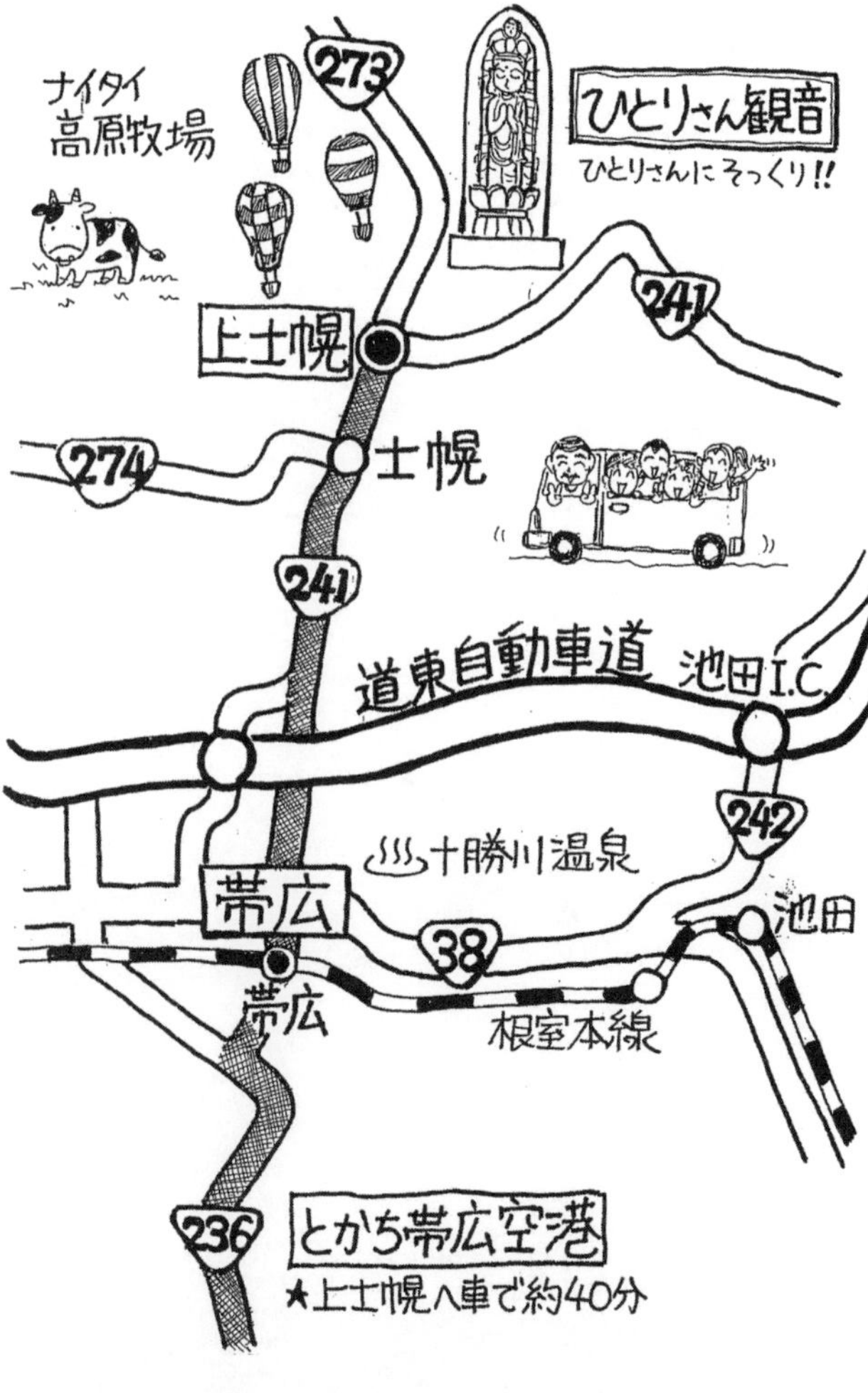
ナイタイ
高原牧場
273
ひとりさん観音
ひとりさんにそっくり!!
241
上士幌
274
士幌
241
道東自動車道
池田I.C.
242
十勝川温泉
帯広
38
池田
帯広
根室本線
236
とかち帯広空港
★上士幌へ車で約40分

著者紹介

斎藤一人（さいとう　ひとり）

「銀座まるかん」創設者で納税額日本一の実業家として知られる。1993年から、納税額12年間連続ベスト10という日本新記録を打ち立て、累積納税額も、発表を終えた2004年までに、前人未踏の合計173億円を納めた。土地売却や株式公開などによる高額納税者が多いなか、納税額はすべて事業所得によるものという異色の存在として注目されている。

また、著作家としても、心の楽しさと経済的な豊かさを両立させるための著書を多数出版。

主な著書に『斎藤一人 しあわせを招くねこ』（ＫＫロングセラーズ）、『お金の真理』（サンマーク出版）、『図解 斎藤一人 大富豪が教える読むだけで、強運になれる本』（ＰＨＰ研究所）、『強運』『知らないと損する不思議な話』（以上、ＰＨＰ文庫）などがある。その他、多数の著書がすべてベストセラーになっている。

この作品は、2012年12月にＰＨＰ研究所より刊行された作品に加筆・修正をしたものです。

ＰＨＰ文庫　人生が楽しくなる「因果の法則」

2018年２月15日　第１版第１刷

著　者	斎　藤　一　人
発行者	後　藤　淳　一
発行所	株式会社ＰＨＰ研究所

東京本部　〒135-8137　江東区豊洲5-6-52
第二制作部文庫課　☎03-3520-9617(編集)
普及部　☎03-3520-9630(販売)
京都本部　〒601-8411　京都市南区西九条北ノ内町11

PHP INTERFACE　https://www.php.co.jp/

組　版	株式会社PHPエディターズ・グループ
印刷所 製本所	図書印刷株式会社

ISBN978-4-569-76802-1

PHP文庫好評既刊

強運

斎藤一人 著

強運には法則があった！　日本一の成功者、斎藤一人さんが明かす運に恵まれ続ける発想の転換術。この一冊で、仕事も人生も好転します。

定価　本体五四〇円（税別）

PHP文庫好評既刊

人生に成功したい人が読む本

斎藤一人 著

「世間の声なんて聞くな」――日本一のお金持ちである斎藤一人さんが、人生に成功したい人に向けて、楽しく生きる極意を教えます！

定価 本体五四〇円（税別）

PHP文庫好評既刊

斎藤一人ほめ道

みっちゃん先生 著

「そのバッグかわいいですね」「部長のネクタイ、よく似合ってます」など、どんな人も味方につけて運がよくなるほめ言葉の数々を紹介！

定価 本体五六〇円（税別）

PHPの本

変な人が書いた人生の哲学

斎藤一人 著

生涯納税額日本一の大富豪である著者。人生、仕事、愛、お金……について、考え方の全てを明かす著者の集大成となる一冊。

【四六判上製】 定価 本体一、六〇〇円（税別）